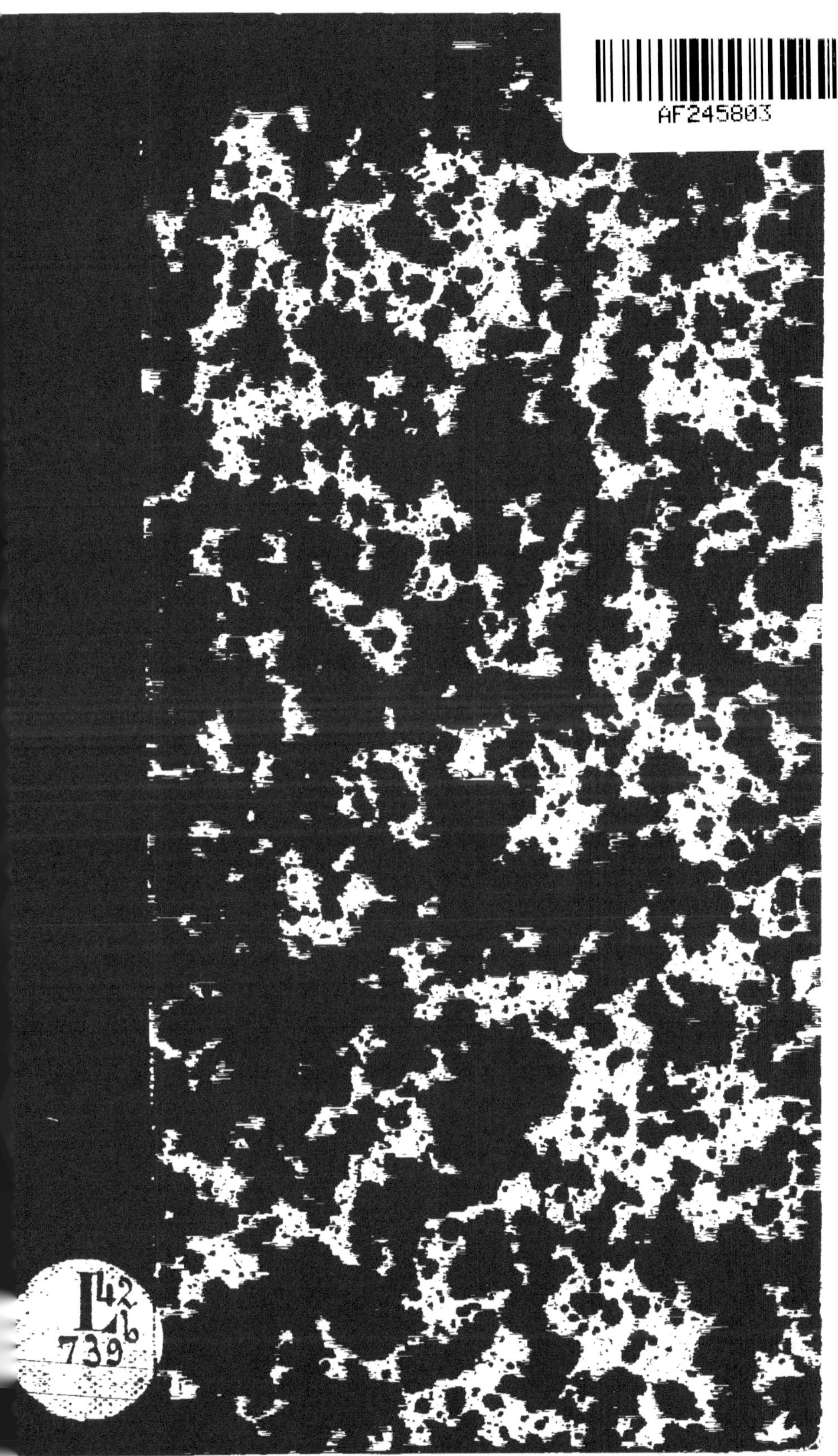
AF245803
L42
7396

MOYEN DE PROCURER,

DES A PRÉSENT,

LE SECOURS EXTRAORDINAIRE

DE CENT MILIONS,

RÉSOLU PAR LE CORPS LÉGISLATIF,

SUR LE RAPPORT

DE LA COMISSION DES ONZE,

DANS LA SÉANCE DU ....

A PARIS,

Chez LARAN, Imprimeur-Libraire, Palais-Egalité,
galerie de bois, n°. 245.

AN VII.

LE C^{en}. SABATIER

A LA LÉGISLATURE DE L'AN VII.

CITOYENS REPRÉSENTANS,

Vous avez accueilli avec intérét, l'année dernière, les divers ouvrages que je publiai, sur la dépense et les revenus publics, l'agriculture, le commerce, et sur les avantages du crédit public qui est toujours la cause du travail, la source des richesses, le garant du bonheur des peuples et de la puissance des états.

Ces mémes vues m'ont dirigé dans la rédaction d'un nouveau travail sur l'emprunt forcé. Des motifs aussi purs, sont pour moi le présage assuré que vous voudrez bien accepter l'hommage que je vous en fais.

Je suis avec fraternité et respect,

Citoyens Représentans,

Votre Concitoyen

S A B A T I E R.

MOYEN DE PROCURER

DÈS A PRÉSENT,

LE SECOURS EXTRAORDINAIRE

DE CENT MILLIONS,

RÉSOLU PAR LE CORPS LÉGISLATIF,

SUR LE RAPPORT

DE LA COMMISSION DES ONZE,

DANS LA SÉANCE DU.....

Sans nuire au produit des impositions déjà existantes ; sans attaquer la classe industrieuse, en diminuant tous les salaires ; sans dépeupler les atteliers et les manufactures que vivifie la présence des richesses ; sans allarmer les propriétaires, ni compromettre les travaux de l'agriculture ; et sans nécessiter de moyens violens pour la perception.

UN membre du conseil des Anciens a dit, dans un ouvrage imprimé et distribué au mois de vendémiaire, au 7 :

A

« Il est aussi stérile dans ses résultats qu'ar-
» bitraire dans son exécution, ce systéme de
» finances qui consiste à ne vouloir adopter
» d'impôts que ceux qui tombent directement
» et en apparence sur le riche, tandis qu'in-
» directement, et en réalité, ils écrasent le
» pauvre. Peu importe aux partisans de ce
» systéme que les impôts soient directs ou
» indirects, réels ou personnels, pourvu que
» le *riche soit imposé sans pitié* .... »

Ce n'est certainement pas d'après les saines
maximes et les sages conseils dont est rempli
l'ouvrage cité, qu'on a formé le plan d'impôt,
honoré du nom d'emprunt, que le conseil des
Cinq-cents vient d'adopter.

Je dis que cet impôt est honoré du nom
d'emprunt! Sans doute il serait bien desirable
que le crédit de la France, régénéré, comme
il aurait pû l'être, donnât aujourd'hui les
moyens de nous procurer, par la voie d'un
emprunt volontaire, par la confiance et non
par la force, le secours extraordinaire de 100 millions dont nous avons besoin; et il faut déplorer
l'absence de ce crédit, puisque, pour en rem-
placer les ressources, on se croit forcé de
recourir à la taxe désastreuse qui va être sou-
mise à la sanction du conseil où siégeait en-

core, il y a deux mois, le représentant du peuple dout j'invoque ici l'autorité.

Mais puisque l'indifférence à toutes les mesures générales, si souvent et si inutilement indiquées, pour la restauration du crédit, rend pour le moment tout emprunt impossible, choisissons au moins dans le nombre des ressources qui se présentent d'ailleurs, celles qui sont les plus praticables, celles dont la rentrée est plus sûre, le fardeau moins sensible, la répartition plus égale, et la nature moins en opposition avec le retour de la confiance.

La taxe proposée pèche sous tous ces divers rapports.

C'était déjà une grande entreprise, dans l'état actuel des choses, que celle d'une perception de cent millions au-delà des taxes établies, et dont le recouvrement ne se fait qu'à force de sacrifices ; et il était au moins convenable, après avoir décrété un impôt limité à 100 millions, de ne pas le convertir en un impôt indéfini dont le premier aperçu offre plusieurs centaines de millions à payer par les contri. buables.

Je dis plusieurs centaines de millions, et je le prouve :

La contribution somptuaire, (celle sur les

domestiques, chevaux et voitures) produit actuellement 5 millions, à peu près.

En la multipliant, comme on veut le faire, par 5 sur les domestiques, par 10 sur les chevaux, par 15 et 20 sur les voitures, doublant et triplant cette sur-taxe pour les nobles et les parens d'émigrés, et doublant encore ce total pour les célibataires ; on aurait plus qu'une commune de 20 fois la contribution somptuaire actuelle, et de ce chef là seul plus de 60 millions ; et il est à remarquer que de tous les genres de contribution, la contribution somptuaire est celle dont la perception offre le plus de difficultés, de frais et de non valeurs.

La contribution mobiliaire, presqu'aussi arbitraire et aussi pénible, soit pour les débiteurs, soit pour les agens du fisc, est aussi une des bases de l'impôt proposé, à partir des cotes de 100 fr. et on exige que les contribuables payent une somme énorme excédant leur contribution. (*Voyez les articles de la loi, p. 32*).

Supposez que les cotes de 100 fr. et au-dessus n'absorbent que le cinquième de la contribution mobiliaire, c'est-à-dire, 6 millions sur 30, joignez à cela le doublement des nobles, le triplement des parens d'émigrés, et le doublement du tout pour les célibataires, vous

(5)

aurez un terme moyen de 25 à 3o fois , 6 millions, c'est-à-dire, de 15o à 175 millions.

Enfin, la contribution foncière, à partir de
la cote de 5oo fr., donne lieu à un prêt forcé
qui s'élève graduellement jusqu'au triple de la
contribution. Parlons seulement de ceux qui
paient de 3 à 1o mille fr. et au-dessus, et qui
sont taxés au double et au triple.

Il y a certainement plus de six milles contribuables en France qui paient plus de 5 mille
francs de contribution foncière, et plus de deux
mille qui paient 1o mille francs. sans que cependant les contribuables aient une fortune
réelle proportionnée à cette taxe , parce que
tous les grands propriétaires sont plus ou moins
grevés de dettes.

Doublez six mille contributions à 5,ooo fr.

Et triplez-en 2 mille à . . . . . 15,ooo fr.

Vous aurez 18o millions.

Et, comme les ci-devant nobles , privilé-
giés ou parens d'émigrés, possèdent eux-mêmes
beaucoup de terres et de maisons , (sans en
être plus riches, à cause de leurs dettes ,) vous
obtiendrez encore de la taxe double et triple
qui les concerne , et du doublement des célibataires une soixantaine de millions.

Voilà donc au moins environ 5oo millions.

que le trésor public est appelé à recueillir,
par le bénéfice de la loi nouvelle, sur la portion des contribuables que les apparences font
présumer riches.

Je répète qu'un tel impôt, (quand même
il ne violerait pas la constitution qui veut,
art. 306, que les charges publiques soient également supportées par tous les citoyens sans excep-
tion) est, par son énormité, et par l'incertitude
de ses bases, impossible à percevoir ; et quand
je vois la contrainte par corps au rang des
peines que la loi établit contre les contribuables
en retard, je me rappelle encore le passage
suivant de l'ouvrage que j'ai cité:

« Sous le régime de terreur qui gouvernait
» la France, le comité de Salut-Public aurait
» ouvert tous les emprunts imaginables, que
» sans la terreur, il n'aurait pas placé un
» coupon. Comment remplaçait-il donc le cré-
» dit qui lui manquait ? en faisant enlever l'or
» et l'argent par-tout où on le trouvait, en
» faisant *incarcérer* ceux qui ne l'apportaient
» pas, en envoyant des armées révolution-
» naires pour *rançonner* les riches, etc. ».

La taxe proposée ne pourra pas même se
percevoir par des violences révolutionnaires,
et s'il était possible de la réaliser de cette ma-

nière, en tout ou en partie , ce serait d'abord au détriment des autres contributions déjà établies , dont le produit deviendrait d'autant moindre,et,ce qui serait bien plus grave encore, ce serait en se jouant, au nom de la loi, du principe fondamental de l'existence des sociétés, celui du respect dû aux propriétés et à la liberté des personnes.

Ce n'est qu'un emprunt, dit-on, ce n'est pas un impôt; les préteurs seront remboursés en biens nationaux ; oui, sans doute , telle est l'intention actuelle du Corps législatif ; mais on était aussi dans l'intention de rembourser en biens nationaux les assignats , les mandats et les deux tiers mobilisés de la dette publique; l'empire des circonstances en a décidé autrement, et aujourd'hui, plus que jamais, il est permis de dire qu'un emprunt forcé ne se remboursera pas ; il faut, pour le faire payer, une violence active, pour ne pas le rembourser, il ne faut qu'une force d'inertie, et ceux qu'on menace de la prison, s'ils ne prêtent pas , sont bien plus sûrement menacés de la perte de leur argent que de celle de leur liberté.

Mais en écartant la question de savoir, s'il sera possible de réaliser cet emprunt par aucun moyen quelconque, arrêtons-nous encore avec l'auteur de l'ouvrage précédemment cité, sur les conséquences d'un tel système d'impôt; voici comme il s'exprime :

« En effet, ces sortes d'impôts, de quelque
» manière qu'on les établisse, sont par leur
» essence même, plus ou moins arbitraires,
» et par cela seul, aussi difficiles à répartir
» et à lever, qu'ils sont féconds en non-valeurs
» et faibles en produit. Quelques précises que
» soient les lois d'exécution qui les regardent
» (si toutes fois la moindre précision peut être
» appliquée aux taxes personnelles), il est mo-
» ralement impossible......

» Cependant, cet inconvénient, quoique
» très-grave, ne saurait encore être comparé
» aux suites funestes qu'ont les taxes person-
» nelles, relativement au crédit et à l'accrois-
» sement de la richesse nationale; c'est ce se-
» cond motif plus encore que le premier qui
» paraît avoir déterminé les Anglais à proscrire
» depuis long-temps les taxes personnelles de
» toute espèce.

» Comme ces sortes d'impôts ne sont assis,
» et ne peuvent l'être que sur les citoyens
» riches ou *présumés* tels, les habitans des
» pays où ces impôts sont établis, et même
» de ceux où l'on craint qu'ils ne le soient

» tôt ou tard, cherchent à cacher, à resserrer
» leurs richesses, à les mobiliser, afin de pou-
» voir plus aisément les réaliser et les emporter
» en cas de besoin. Au lieu d'augmenter leur
» dépense en proportion de leurs moyens, ce
» qui favoriserait la consommation et donne-
» rait du travail au pauvre, ils la diminuent.
» parce que tous ont intérêt à paraître moins
» aisés qu'ils ne le sont en effet, afin de se
» soustraire plus facilement à l'impôt progres-
» sif ; car toute taxe personnelle revient à cela
» en dernière analyse. De-là résulte une dimi-
» nution dans la matière imposable, dont une
» partie se cache dans les porte-feuilles ou dans
» les banques étrangères, l'avillissement de la
» valeur venale des terres et de toutes les
» propriétés foncières qui indiquent la richesse
» ou l'aisance du propriétaire, la diminution
» du travail pour tous les ouvrages de luxe
» qui pourraient compromettre l'homme aisé
» qui s'en servirait, la diminution dans la con-
» sommation, et par conséquent, l'avilisse-
» ment de toutes les productions du sol et
» de l'industrie ....

» Les Anglais ayant depuis long-temps sup-
» primé les taxes personnelles, et ayant géné-
» ralement et constamment repoussé toutes

» celles qui pouvaient peser sur les citoyens,
» en raison de leur fortune présumée, ou de
» leur consommation éventuelle en objets de
» luxe, on sentira aisément les effets favorables
» que doit avoir produit chez eux ce systéme.
» A l'aide de cette sécurité de touté taxe per-
» sonnelle et arbitraire, chaque citoyen y a
» constamment joui de la faculté pleine et en-
» tière de pousser son industrie et son travail,
» d'augmenter ses acquisitions, sa culture,
» son bétail, ses troupeaux; en un mot, de
» faire valoir son argent, et même, s'il a du
» crédit, celui des autres, sans avoir aucun
» sujet de craindre qu'on augmente ses taxes,
» et encore moins, qu'on le rende respon-
» sable de celles des autres. Loin de chercher
» à dissimuler ses richesses, à les cacher ou
» mobiliser, afin de paraître moins riche qu'il
» ne l'est, il croit, au contraire qu'il est de
» son intérêt de mettre ses richesses au grand
» jour, de les employer, *d'en accroître même*
» *l'opinion*, s'il le peut, *afin d'augmenter*
» *son crédit, et par-là ses moyens et ses*
» *ressources.*

« Lorsqu'un gouvernement a pu réussir à
» donner un pareil essor à l'imagination des
» gouvernés, comme on l'a fait en Angleterre,

» il n'est plus étonnant que tout *concoure à*
» *la prospérité du commerce, de l'industrie,*
» *de l'agriculture ,* DES FINANCES ET DU CRÉ-
» DIT PUBLIC. Cette prospérité ne peut exister
» SANS UNE GRANDE CONSOMMATION, *qui en-*
» *traîne à sa suite une reproduction plus*
» *qu'égale.* C'est cette consommation qui est
» L'ALIMENT DE LA FINANCE, tout ce qui la
» gêne ou resserre, DIMINUE ÉGALEMENT LA
» MATIÈRE IMPOSABLE. C'est dans cette con-
» sommation que les uns trouvent le moyen
» d'acquérir des richesses et de l'aisance,
» *tandis que tous y trouvent le moyen de*
» *subsister;* et ce n'est qu'autant qu'il y a
» de ces richesses et de ces moyens de sub-
» sistance, *que tous les contribuables peu-*
» *vent payer les impositions,* tandis que les
» plus aisés peuvent *prêter au gouvernement*
» *le fruit de leurs épargnes , pour subvenir*
» *aux besoins extraordinaires de l'état.*
Plus loin il est dit :
» La crainte seule d'une pareille taxe, que
» ce soit un emprunt forcé, un impôt sur les
» riches, une taxe de guerre non assise sur
» une matière imposable, *ou quelque nom*
» *qu'on lui donne,* cette crainte seule, dis-
» je, suffit pour faire resserrer toutes les

» bourses, *disparaître* LE CRÉDIT AVEC LES
» CAPITAUX, *avilir les propriétés foncières,*
» et occasionner, AVEC LA HAUSSE DE L'IN-
» TÉRÊT DE L'ARGENT, *une stagnation totale*
» *dans les spéculations du commerce et de*
» *l'industrie.*

» Quant au capital des propriétaires fon-
» ciers, qui consiste dans la valeur vénale
» de leurs propriétés, il est évident que cette
» valeur doit diminuer avec chaque impôt
» établi ou proposé seulement sur les riches,
» par la seule crainte qu'aura tout possesseur
» d'argent, ou d'autres valeurs équivalentes,
» d'employer ses fonds en acquisitions de pro-
» priétés foncières et ostensibles, qui le met-
» traient dans l'impossibilité de se soustraire
» à la taxe. Sous ce rapport, la diminution
» que les impôts sur les riches produisent
» dans la richesse nationale, est au-delà de
» toute idée que s'en forme le public, quoique
» certainement il ne faille ni raisonnemens
» abstraits, ni calculs compliqués pour s'en
» convaincre.

» En effet, si le revenu net annuel de toutes
» les propriétés foncières de la France est de
» 1500 millions, ce qu'il est au moins en y
» comprenant les départemens réunis, et no-

(13)

» tament la ci-devant Belgique, chaque année
» ou chaque denier de diminution dans le prix
» vénal des terres, produira, rien que numé-
» riquement, *une diminution réelle d'un*
» *milliard et demi dans la richesse des pro-*
» *priétaires fonciers.* Je dis, rien que numé-
» riquement; car ce serait bien autre chose
» si l'on pouvait calculer *le tort irréparable*
» *que fait une pareille diminution des ca-*
» *pitaux*, A LA REPRODUCTION, AU CRÉDIT ET
» A L'INDUSTRIE. Si les partisans des impôts
» progressifs se doutaient seulement qu'un
» impôt de quelques millions dans ce genre,
» *pût produire une perte réelle de plusieurs*
» *milliards, ils y regarderaient à deux fois*
» *avant d'en faire la proposition.* »

Mais bornons ici la censure dans un sujet
déjà repoussé avec effroi par les vrais amis de
la chose publique, et hâtons-nous d'indiquer,
dans l'état d'urgence où nous sommes placés,
des moyens moins funestes et plus certains,
pour obtenir le secours extraordinaire de
100 millions, résolu par le Corps législatif.

Nous n'avons pas besoin d'imposer ni d'em-
prunter forcément cette somme, et il suffit
d'une simple mesure d'ordre et de sagesse,

pour se procurer d'abord 60 millions au moins.

La vente de quelques biens nationaux, situés à Paris, et inutilement réservés jusqu'à présent, et de ceux situés dans les départemens, procurera aisément et en peu de temps, une somme de 25 millions.

Enfin, un supplément léger et insensible aux contributions actuellement existantes, sans distinction de fortunes et de personnes, fournira non-seulement les 20 millions restans, mais encore 20 autres millions pour commencer le double service de secours publics et d'amortissement que je crois indispensable, précisément à cause de la gravité des circonstances, de lier à l'établissement d'une subvention extraordinaire.

Je dois aux renseignemens que m'a donnés le ministre des Finances, avec un empressement digne d'éloges, l'idée de la mesure d'ordre qui doit couvrir notre déficit actuel, jusqu'à concurrence de 60 millions au moins.

Il reste à recouvrer sur les impositions des années 5 et 6, une somme d'environ 100 millions, dont j'estime, avec le ministre, que les non-valeurs pourront s'élever à 40 millions.

Le net produit ne sera donc que de 60 millions. L'arriéré des mêmes deux années 5 et 6,
est encore aujourd'hui de 274 millions ; savoir :
environ 100 millions dus aux rentiers et pensionnaires, et le surplus pour solder les divers
services.

La dépense, à cet égard, excède donc la
recette possible de plus de 200 millions ; et
cependant, cédant à l'importunité ou à l'urgence des besoins, on continue à liquider et
acquitter cette dépense, comme s'il devait y
avoir en définitif des fonds suffisans pour la
solder.

Cette liquidation qui finira par un déficit
absolu, au préjudice de ceux qui ne pourront pas être liquidés, est même devenue la
matière d'une sorte de trafic qu'il convient
d'arrêter.

On profite des besoins du trésor public pour
lui offrir une somme en argent, à côté d'ordonnances de l'an 5 et de l'an 6, qu'on achète sur
la place 50, 60 et 75 pour cent de perte, et
on reçoit en échange du total, des délégations sur
les contributions de l'an 7 ; souvent même, au
lieu d'argent, on donne des effets à 2 ou
5 mois de terme, dont le montant s'acquitte
sur le produit même des délégations remises en

échange ; et par ce procédé, on gagne, aux dépens de l'état et de ses créanciers, tout l'équivalent de la perte que le discrédit et le besoin font subir aux ordonnances de l'an 5 et de l'an 6.

Au lieu d'enrichir ainsi d'avides spéculateurs étrangers au service public, il est bien plus simple de réaliser au profit du trésor national, et d'appliquer aux besoins extraordinaires du moment, ce qui reste encore à recouvrer des contributions des années 5 et 6, puisque ce recouvrement est évidemment insuffisant pour balancer ce qui est à payer aux créanciers de l'arriéré de ces deux années.

Ces créanciers sont obligés de perdre 60 à 80 pour cent sur les ordonnances dont ils sont porteurs.

Leur intérêt et la justice commandent à leur égard, une mesure commune qui les mette au même niveau.

Cette mesure est celle de la conversion de leur créance, en une inscription sur le grand livre de la dette publique à 5 pour 100 d'intérêt.

L'inconvénient d'augmenter ainsi de quelques millions les intérêts annuels de la dette consolidée, ne saurait être mis en balance avec celui de dévorer encore, au profit de quelques usuriers seulement, un actif précieux et prochain de 60 millions, dont le recouvre-ment dispense des moyens ruineux auxquels on est obligé de s'attacher.

Ce n'est pas le volume de la dette publique, c'est son état de disgrace ou d'honneur, c'est l'exactitude ou l'oubli de son service, ce sont les précautions prises ou négligées pour en garantir le capital et les arrérages, qui influent sur la confiance générale, sur la valeur des propriétés, sur le développement des richesses, et sur le produit même de l'impôt.

Je place ici, à ce sujet, une remarque impor-tante :

L'année dernière (en l'an 6), on ne put recouvrer qu'une très-petite partie des impôts établis pour son service.

Mais alors on ne payait rien du tout aux rentiers et pensionnaires.

En l'an 7, au contraire, les recouvremens ont été proportionellement beaucoup plus ra-pides et beaucoup plus productifs que dans l'année précédente.

En l'an 7 aussi, on a commencé à payer les arrérages dus aux rentiers et pensionnaires, en bons admissibles en paiement d'impositions.

Je ne m'étendrai pas ici sur le développement

2

de cette vérité démontrée, que la fidélité d'un
état à ses engagemens, et particulièrement à la
dette publique, est, pour me servir des expres-
sions de l'auteur que j'ai déjà cité, « le moyen
» d'enrichir l'universalité des contribuables,
» et l'instrument le plus puissant dont un gou-
» vernement puisse se servir pour rendre heu-
» reux les peuples, pour faire fleurir l'agricul-
» ture, le commerce et l'industrie, et *par*
» *conséquent pour faciliter le paiement des*
» *impôts.* »

Ce n'est donc ni l'existence de la dette publique, ni même, jusqu'à un certain point, son
augmentation qu'il faut craindre, c'est le re-
lâchement des liens respectifs de protection et
de confiance, qui devraient toujours unir l'état
et ses créanciers.

Quand le progrès des dettes nationales se
combine avec l'emploi des moyens propres à
en garantir le service, elles deviennent alors
une veritable richesse publique, un accroissement de capitaux.

La dette de l'Angleterre a doublé depuis le
commencement de la guerre.

Et, dans la dernière session du parlement,
le ministre Anglais disait avec orgueil et vérité
que « les capitalistes ont dans la nation anglaise

» une confiance jusqu'ici sans exemple ; que ,
» par le soutien du crédit , il avait trouvé le
» moyen de pourvoir au bien être de la posté-
» rité anglaise , jusques dans les âges les plus
» reculés ; que, sans embarras enfin, il sauroit
» trouver dans l'année actuelle, les ressources
» nécessaires à huit années de guerre, et cela
» avec plus de facilité qu'on ne trouvait précé-
» demment les moyens pour une seule année. »

L'état florissant du crédit en Angleterre jus-
tifie ce langage.

Le prix des fonds publics y répond à un
capital placé à moins de 5 pour cent par an ,
puisque les 3 pour cent consolidés y sont à
62 pour cent.

Un emprunt de 500 millions ne produisant
que $5\frac{1}{2}$ d'intérêt, vient d'y être souscrit et rempli au moment de son ouverture ; et plusieurs
compagnies s'en sont disputé le monopole.

Quelle leçon pour la France, qui, par sa
population , sa richesse réelle, par l'étendue
de son territoire, par l'industrie et l'activité de
ses habitans, a tant d'avantage sur l'Angleterre !

A la mesure de constitution de tout l'arriéré
des années 5 et 6 , il faut encore joindre celle
de la constitution de toute la portion de la
dette publique qui circule aujourd'hui sous la
dénomination de *tiers provisoire* et qui, ne rap-

portant rien à ses possesseurs, nuit par sa concurrence à la valeur même de la dette consolidée.

Après avoir ainsi procuré au trésor public 6o millions comptant par la disposition libre du résidu des contributions des années 5 et 6, on trouvera encore 25 millions au moins, dans la mise en vente des domaines nationaux réservés à Paris, et particulièrement de tous les terreins et bâtimens situés entre la rue Florentin et la rue de l'Echelle, et de tous ceux qui se trouvent entre le palais des Thuileries et le Louvre, et beaucoup d'autres à vendre dans les départemens.

Enfin, en exigeant un supplément modique et tolérable aux impositions subsistantes, et un doublement, au profit du trésor public, des droits établis ou à établir à Paris, et dans les autres grandes communes, sous le titre d'*octrois de bienfaisance*, on obtiendra encore, sans provoquer les murmures des contribuables, un secours de 40 à 45 milllions.

Le doublement des octrois rendra 6,800,000

Un douzième seulement sur les contributions directes et indirectes, 32,700,000

Le triplement de la contribution somptuaire 9,000,000

Total 48,500000

Ce sera 33,500,000 fr. au-delà de 100 millions, montant de l'emprunt qui a été résolu ;
mais j'assigne sur cette somme à 25 millions
une destination propre à compenser, en faveur des
contribuables, et à l'avantage de la confiance publique, le dommage toujours résultant d'une taxe
extraordinaire quelconque, et les 8,500,000 fr.
restent, compenseront les non-valeurs.

Ces 25 millions seroient assignés, savoir:

10 millions aux secours publics, en primes
et encouragemens aux manufactures, pêcheries,
commerce intérieur, extérieur et maritime, et
15 millions à la naissance et fondation d'une
caisse d'amortissement.

Ce n'est pas à des temps calmes, comme je
l'ai dit ailleurs, qu'il faut ajourner la création
et le soin de ces établissemens salutaires faits
pour maintenir, au sein des empires, le goût
du travail, l'aisance, la confiance et le bonheur.

L'attachement des peuples à ceux qui les gou-
vernent, et cette opinion publique que produit
le spectacle de l'attention constante du gouvernement à la prospérité des individus soumis à ses
lois, ne sont pas de simples jouissances de luxe
qu'on puisse négliger, même au fort des orages
politiques ; c'est un premier besoin qui exerce
son empire avec plus de vigueur encore dans
ces instans de crise où le gouvernement doit

s'environner d'amour et de confiance, et serrer autour de lui toutes les volontés particulières pour accomplir plus sûrement la volonté générale dont l'exécution lui est confiée.

En Angleterre (car en matière de crédit, il faut toujours citer cette nation), l'augmentation des dépenses générales produites par la guerre, ou par toute autre cause, ne porte jamais aucune atteinte ni aux fonds destinés à *l'amortissement* de la dette, ni aux *secours et encouragemens* à donner au commerce.

Le fonds *d'amortissement* de la dette est pris sur les taxes *permanentes*, et appellées telles, parce que le parlement lui-même n'aurait pas le droit de les supprimer ni d'en changer l'objet; c'est une affectation sacrée, comme celle des fonds destinés au service des arrérages.

A l'égard des *secours publics*, ils s'élèvent annuellement à une somme prodigieuse.

La *Taxe des pauvres*, également indépendante du Corps législatif, n'entre jamais dans le budjet de chaque année; les paroisses la déterminent, en raison des besoins connus, elle monte à plus de 3 millions sterlings par année. (72 millions de notre monnaie.)

Et, outre cette taxe, le gouvernement distribue chaque année, en primes et encouragemens aux manufactures, aux pêcheries, etc.,

une somme de dix millions environ ; cet
article de dépense, figure, dans le budjet de
1797, pour près de 400 mille liv. sterlings, faisant plus de 9 millions 600 liv. de France.

C'est par ces procédés libéraux qu'on res-
titue aux contribuables les moyens d'aisance, de
travail et de reproduction, nécessaires pour
aggrandir la matière même de l'impôt, et le
rendre presqu'insensible.

C'est en favorisant le développement de toutes les fortunes particulières, et l'accroissement
de toutes les richesses individuelles, que l'Angleterre multiplie les sources d'abondance où le
trésor public vient ensuite puiser, sans effort,
de quoi satisfaire aux plus vastes entreprises.

Tous ont du travail, tous peuvent gagner,
tous peuvent payer l'impôt, tous sur-tout peuvent rendre leur fortune patente, sans craindre
l'appel arbitraire des *impôts progressifs*.

A la place de ces vues grandes et généreuses,
substituons cette fausse parcimonie qui, sous
le prétexte de la pénurie du trésor, voit de
sang-froid la misère des peuples, la stagnation
du commerce, la langueur de l'agriculture, le
sommeil de l'industrie et l'absence du travail ;
attachons-nous à ces mesures funestes et des-
séchantes qui ne tendent qu'à épouvanter la
richesse, à diminuer les salaires et à étouffe

tous les germes d'émulation ; et alors nous pourrons sans doute *imposer beaucoup de chiffres* sur les fortunes *grandes* ou présumées telles ; mais alors aussi, toutes les propriétés s'avilissant, toutes les valeurs se réduisant dans la même proportion, les mutations devenant plus rares, les prix plus foibles, les transactions moins fécondes, nos impôts indirects, notre droit d'enregistrement, par exemple, diminueront de moitié, des trois quarts, et les non-valeurs des contributions existantes, surpasseront le produit des contributions nouvelles.

Des *Garnisers* couvriront la France, et ce ne sera pas trop que d'armer la moitié des citoyens contre l'autre moitié.

On mettra les propriétés en vente, faute de paiement, et on ne trouvera d'acheteurs ni pour les propriétés particulières, ni pour les propriétés nationales, et, comme on le disait en Amérique à la fin de la dernière guerre, *les aliénations ressembleront plutôt à des donations qu'à des ventes.*

Le mobilier et les personnes même répondront de la taxe, je le sais : mais, en ce cas, faisons construire des prisons et des garde-meubles, nous pourrons remplir les unes et les autres, beaucoup plus facilement que nous ne remplirons le trésor public.

PROJET

DE

LOI.

TITRE PREMIER.

De l'arriéré.

ARTICLE PREMIER.

Tout ce qui reste à acquitter sur les dépenses des années 5 et 6, de quelque nature qu'elles soient, sera liquidé et converti en inscriptions sur le grand-livre de la dette publique, et produisant intérêt au denier vingt sans retenue, à compter du jour de la publication de la présente loi ; en conséquence, tous les créanciers de l'arriéré desdites deux années 5 et 6, à quelque titre et pour quelque cause que ce soit, seront tenus de fournir et produire entre les mains des liquidateurs que le Directoire exécutif commettra à cet effet, les titres et pièces justificatives de leurs créances, dans le délai de six mois, à compter

du jour de ladite publication, à peine de déchéance.

A R T I C L E   I I.

Les créances sur l'état, représentées aujour-
d'hui par des bordereaux connus sous la dénomination de *tiers provisoire*, seront définitive-
ment inscrites au grand livre de la dette publique,
à l'instar du tiers consolidé, et produiront également intérêt à compter du jour de la publication de la présente loi; à l'effet de quoi, et
dans les six mois de la publication, à peine de
déchéance, les porteurs desdites créances seront tenus d'en rapporter le titre à la trésorerie
nationale.

T I T R E   I I.

*De la vente et des baux des domaines
nationaux.*

A R T I C L E   Ier.

LES domaines nationaux continueront à être
vendus dans les formes et d'après les lois aujourd'hui subsistantes.

A R T I C L E   I I.

Il sera procédé en outre, immédiatement

après la publication de la présente loi , à la vente de tous les terreins et bâtimens nationaux ci-après, savoir :

1°. Ceux situés entre la rue Florentin et la rue de l'Échelle, et qui ne seront pas jugés nécessaires à l'embellissement du palais et jardin des Thuileries.

2°. Ceux qui se trouvent entre le palais des Thuileries et le Louvre.

3°. Ceux actuellement réservés qui peuvent encore être à vendre dans les départemens.

Cette vente sera faite dans les mêmes formes et avec les mêmes précautions que celles établies par les lois existantes pour les adjudications de domaines nationaux ; et le prix en sera stipulé payable en espèces et en huit paiemens égaux, dont le premier sera fait comptant, et les sept autres de trois mois en trois mois, à compter du jour de l'adjudication ; en conséquence, aucun enchérisseur ne pourra être admis sans avoir préalablement consigné le montant des droits d'enregistrement et autres frais d'adjudication , et l'adjudication sera de plein droit révoquée et de nul effet, faute par l'adjudicataire d'avoir réalisé le paiement du premier huitième du prix dans la huitaine, à compter du jour de l'adjudication ; et pour les

sept derniers termes, les adjudicataires sous-
criront, au profit de la république, des obli-
gations payables au porteur, produisant intérêt à cinq pour cent l'an, sans retenue, et
emportant privilége sur les biens vendus.

ARTICLE III.

Toutes les propriétés nationales, autres que
les forêts, qui ne seraient pas vendues dans
les trois mois, à compter de la publication
de la présente, seront à cette époque, à la di-
ligence du Directoire exécutif, mises en ferme
ou en location, et adjugées à ce titre, pour 6
ou 9 années, au plus offrant et dernier enchérisseur, moyennant bonne et suffisante cau-
tion, et sous les clauses et conditions qui
auront été arrêtées par les administrations et
stipulées dans le bref d'adjudication desdits
baux à ferme ou à loyer.

TITRE III.

*De la taxe de guerre substituée à l'emprunt
forcé de cent millions, arrêté par la loi du....*

ARTICLE Ier.

IL sera perçu, à titre de taxe de guerre,
pendant ou pour une année à compter de la
publication de la présente loi :

1°. Un doublement de tous les octrois de bienfaisance, c'est-à-dire, un droit égal à celui actuellement établi audit titre d'octrois, lequel doublement sera versé directement au trésor public.

2°. Une nouvelle contribution somptuaire à raison des domestiques, chevaux et voitures, égale au triple de celle actuellement établie, ensorte que pour cette année les contribuables payeront ladite imposition au quadruple.

3°. un supplément d'un douzième du principal de toutes les contributions directes et indirectes de l'an 7 ; lequel supplément d'un douzième sera outre celui ordonné par la loi du. . . . . , et sera payable d'ici au premier nivôse prochain.

ARTICLE II.

Les bons d'arrérages de rentes échus et à échoir depuis et compris les 6 derniers mois de l'an 6, seront admis pour comptant en paiement des nouvelles taxes établies par la présente loi, ainsi qu'en paiement des prix de vente et de baux à ferme ou à loyer mentionnés aux articles 2 et 3 du titre II des présentes.

ARTICLE III.

Les contribuables qui s'acquiteront dedites

taxes nouvelles dans les deux mois , à compter
du jour de la publication de la présentes loi ,
jouiront d'une remise de 10 pour 100 dont ils
feront la retenue eux-mêmes , lors du versement.
qu'ils effectueront dans les caisses publiques.

ARTICLE IV.

Il sera prélevé tous les mois , sur les sommes
à provenir des rentres nouvelles établies par
la présente loi , une somme de 700,000 francs ,
laquelle sera mise à la disposition du Directoire exécutif pour être , par lui , distribuée
en secours , primes ou prêts , aux manufactures , à la pêche , aux transports maritimes
et au commerce.

TITRE IV.

De l'amortissement de la dette publique.

ARTICLE I.er

IL sera formé , dès à présent , pour par-
venir à l'extinction graduelle de la dette publique , une caisse d'amortissement de la
somme de 15 millions de francs par année.

ARTICLE II.

Le fonds de cette caisse d'amortissement
sera formé par le prélèvement à faire chaque

mois sur le produit des contributions indirectes d'une somme de 1,250,000 francs, à compter du jour de la publication de la présente.

ARTICLE III.

A chaque semestre, il sera procédé par la voie du sort au remboursement de la dette publique jusqu'à concurrence de la somme de 7,500,000 francs.

ARTICLE IV.

Le Directoire exécutif est chargé de pourvoir à l'organisation de ladite caisse d'amortissement, et aux mesures à prendre pour en assurer les fonds et le service.

ARTICLES

ADOPTÉS

PAR LE CONSEIL DES CINQ-CENTS.

Les cotes de 500 francs inclusivement à 1000 francs exclusivement, donneront lieu à un versement des 4 dixiemes de la contribution.

Celles de 1000 à 1500 , les 5 dixièmes.

Celles de 1500 à 2000 , les 3 cinquièmes.

Celles de 2000 à 2500 , les 7 dixièmes.

Celles de 2500 à 3000 , les 4 cinquièmes.

Celles de 3000 à 4500 , une somme égale à la contri-bution.

Celles de 4500 à 6000 , les 12 dixièmes.

Celles de 6000 à 7000 , les 16 dixièmes.

Celles de 7000 à 8000 , les 18 dixièmes.

Celles de 8000 à 9000 , le double de la contribution.

Celles de 9000 a 10,000 , le double de la contribution , plus la moitié du total des contributions.

Enfin , celles de 10,000 et au-dessus , le triple des contributions.

Taxe Mobilière.

Les citoyens taxés à 100 francs , le double.

Ceux taxés à 150 , le triple.

Ceux taxés à 200 , le quadruple.

Ceux taxés à 250 , cinq fois.

Ceux taxés à 300 , six fois.

Ceux taxés à 350 , sept fois.

Ceux taxés à 400 , huit fois.

Ceux taxés à 500 , le décuple.

Ceux taxés à 600 , douze fois autant.

Ceux taxés à 700 , quinze fois autant.

Ceux taxés à 800 fr. et au-dessus , vingt fois autant.

Taxe Somptuaire.

Domestiques . . . . 5 fois la taxe.
Chevaux . . . . 10 fois.
Voitures à deux roues . 15 fois.
Voitures à quatre roues 20 fois.

Nota. La seule suppression de la carrosserie, réduirait à la misère les citoyens exerçant trente métiers différens, nécessaires à la construction d'une voiture, sans y comprendre les marchands et fabriquans des matières premières. Si nous étendons nos regards sur les autres branches de l'industrie, nous verrons le même malheur accabler la classe laborieuse à laquelle les gens riches donnent encore quelques travaux. . . . .

RÉSUMÉ DE CE TRAVAIL.

Arriérée des contributions des ans 5 et 6	60,000,000
Domaines à vendre dans le courant de l'année	25,000,000
Octroi de bienfaisance	6,800,000
Douzième sur les contributions directes et indirectes	32,700,000
Triplement de la contribution somptuaire	9,000,000
	132,500,000

Dépense extraordinaire . . 100,000,000
Caisse d'amortissement . . . 15,000,000
Secours aux manufactures 125,000,000
Commerce maritime , etc. . 10,000,000

Restera pour les non-valeurs 8,500,000

De l'Imprimérie de LARAN, rue Neuve-des-Petits-Champs, N°. 81.

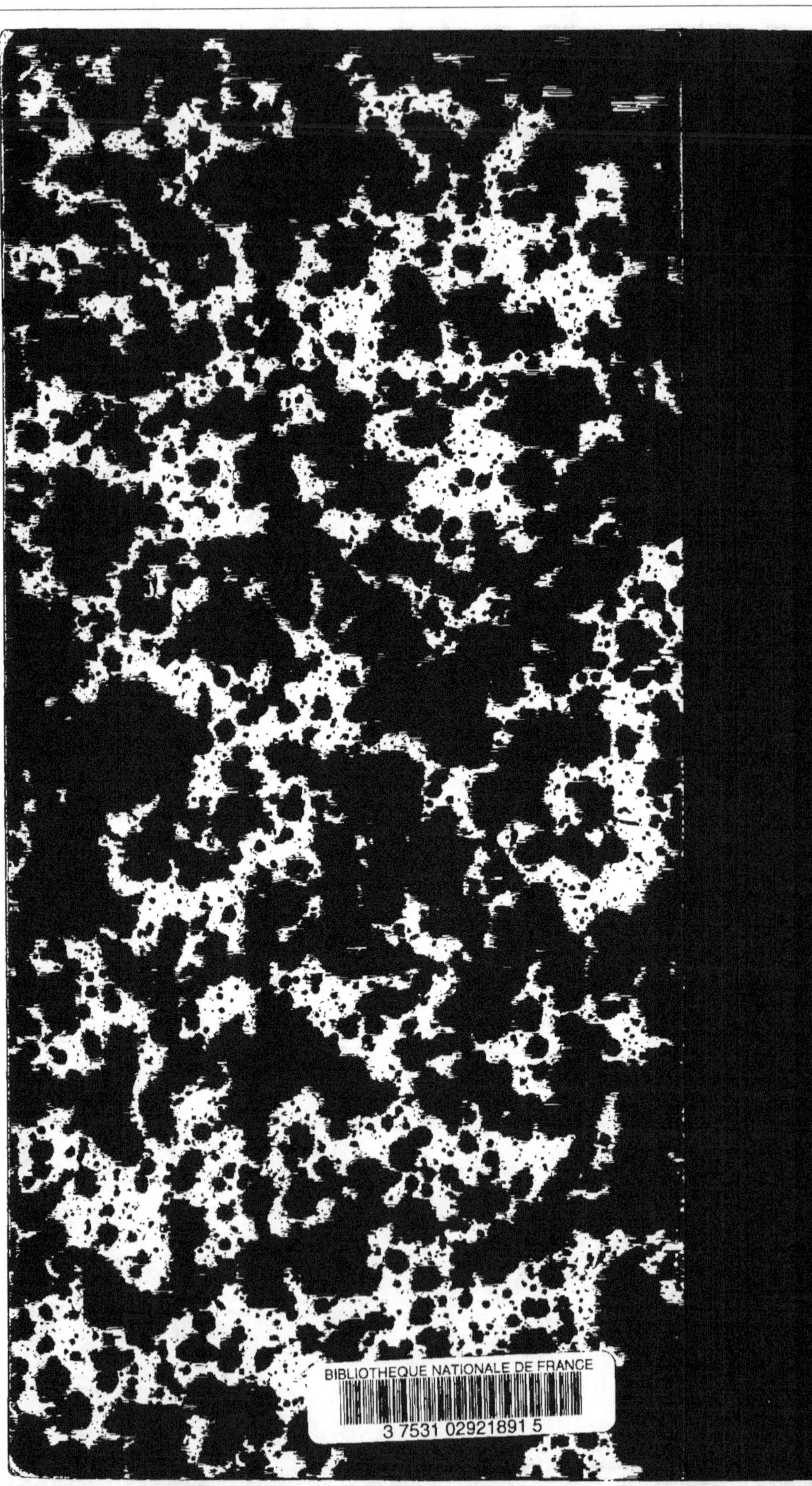

www.ingramcontent.com/pod-product-compliance
Lightning Source LLC
Chambersburg PA
CBHW061651060726
47597CB00005B/2129